Solo tú
eres el Camino

Rafael Hernández

Reservados todos los derechos. No se permite la reproducción total o parcial de esta obra, ni su incorporación a un sistema informático, ni su transmisión en cualquier forma o por cualquier medio (electrónico, mecánico, fotocopia, grabación u otros) sin autorización previa y por escrito de los titulares del copyright. La infracción de dichos derechos puede constituir un delito contra la propiedad intelectual.

El contenido de esta obra es responsabilidad del autor y no refleja necesariamente las opiniones de la casa editora.

Publicado por Ibukku
www.ibukku.com
Diseño y maquetación: Índigo Estudio Gráfico
Copyright © 2020 Rafael Hernández
ISBN Paperback: 978-1-64086-491-7
ISBN eBook: 978-1-64086-492-4

Sólo tú eres el camino

Sólo tú eres el camino
El camino verdadero
Que no se compra con nada
Y mucho menos el dinero

Eres el rey verdadero
Que se encuentra allá en el cielo
Y le das luz a los pobres
Y los llenas de consuelos

Eres el Señor del cielo
De la corte celestial
El hombre que poco a poco
El mundo va a transformar.

Versos dedicados a mi Señor

El respeto y el cariño
A mi padre celestial
Desde que era muy pequeño
Siempre se lo supe dar

Y hoy que estoy en un lugar
Muy triste y desconsolado
Sólo las palabras tuyas
En mi mente se han grabado

Hoy vivo despreocupado
Orgulloso y muy feliz
Porque todo lo que tengo
Eso te lo debo a ti.

El gran Señor se respeta
Se admira y se glorifica
Por ser el Señor del cielo
Y de la tierra bendita

Puedes tenerlo cerquita
Pero no lo puedes ver
Y Él sabe lo que tú haces
Y lo que dejas de hacer

Recuerda que Él es el rey
Del cielo, tierra y el mar
Y está cerquita de ti
Para poderte ayudar.

Cuando me siento muy triste
Y a punto de enloquecer
Cojo y abro este librito
Y lo comienzo a leer

Y voy recibiendo de Él
De aquel Señor de los cielos
Todo su amor y el cariño
Y me llena de consuelo

Y en estos versos sinceros
Que en el libro están escritos
Los ha dictado el Señor
Desde su trono bendito.

Señor aleje de mi
Al diablo y a Lucifer
Y aquellos malos demonios
Que lo defienden a él

A usted le sobra el poder
De la corte celestial
Para alejar los demonios
Y no me puedan entrar

Y aquellos que obran mal
Con mentiras y con engaños
Adentro de la prisión
Van a pasar varios años.

Jesús te mira de lejos
De frente y de cerquita
Y Él sabe lo que tú ocultas
Adentro de tu carita

Él es la estrella bendita
Que brilla allá en lo infinito
Por eso lo sabe todo
Desde su trono bendito

Por eso lo glorifico
De noche y todos los días
Por ser el rey del supremo
Y la leyenda del día.

Señor, los falsos predicadores
Que hoy se ven en todos lados
Yo sé que poquito a poco
Van a pagar sus pecados

Y aquellos que hayan usado
Su hermosa reputación
Cuando bajes a la tierra
Ya no tendrán salvación

Póngale mucha atención
A este precioso versito
Que lo ha mandado el Señor
Desde su trono bendito.

Señor, desde niño fui creciendo
Junto con mi familiar
Y nos diste mucha suerte
Para poder progresar

Tengo en mi casa un altar
Y tu rostro está presente
Por ser el más elegido
Entre todita la gente

Tu cariño es diferente
En ti se ve la bondad
Ayudas y curas a la gente
Y en cambio no pides nada.

Se acercan tiempos muy duros
Y malos de soportar
Porque el Señor de los cielos
A la tierra va a bajar

Entonces Él va a enjuiciar
A justos y a pecadores
Y se quedarán con Él
Los que han sido los mejores

Y verás crecer las flores
y florecer el jardín
cuando el Señor de los cielos
al mal le haya puesto el fin.

Se han cumplido las promesas
También muchas profecías
Y el Señor de los cielos
Ya bajará en estos días

Lo espero en la casa mía
Con mis hijos y mi mujer
Y me dé sabiduría
Para triunfar y vencer

Recuerda que Él es el rey
Del cielo, tierra y el mar
El hombre que poco a poco
El mundo va a transformar.

Desnudo yo vine al mundo
Y sin nada volveré
Sólo llevo del Señor
Su cariño, amor y fe.

Y aquí donde usted me ve
Metido en este lugar
Las palabras del Señor
Nunca las voy a olvidar

Lo voy a glorificar
Por grande y por poderoso
Y por darme tantos versos
Tan bonitos y tan hermosos.

Señor, con tus bonitas palabras
Y tu noble corazón
Puedes transformar el mundo
En una sola nación

Le has dado tu corazón
Y todito el mundo entero
Y a nadie le pides nada
Y mucho menos dinero

Diriges el mundo entero
El cielo, tierra y el mar
Y tus hermosas palabras
Jamás las voy a olvidar.

El mundo es una bolita
Bien linda y muy especial
Y tiene un eje en el centro
Para que pueda girar

Es el globo terrenal
Que el Señor ha diseñado
Para que toda la gente
Viva bien en todos lados

Su cariño le ha entregado
A toda la humanidad
Pero Él quiere que lo sigas
Y no lo abandones más.

No necesito riqueza
Ni helicóptero ni avión
Porque al Señor de los cielos
Lo llevo en mi corazón

Y aquí en esta nación
Y en todito el mundo entero
Las palabras del Señor
Traen paz, amor y consuelo

No necesito dinero
Tampoco lo material
Porque el Señor de los cielos
Me sabrá recompensar.

Por la ambición del hombre
De tener tanto dinero
Hoy somos tantos presos
En todito el mundo entero

Y por el Señor espero
Que pueda purificar
A todos los prisioneros
Que hemos obrado mal

Ya me voy a retirar
Me voy y ya me despido
Del gran Señor de los cielos
Que siempre estará conmigo.

Señor, aclamo por ti
Por mi humilde petición
Y poder sacar mi libro
Adentro de la prisión

Quiero que mi corazón
Se aleje de la maldad
Y de las matas aquellas
Que me trajeron acá

Yo quiero vivir en paz
En todito el mundo entero
Y con lo que usted me ha dado
Ya me sobrará el dinero.

Señor, usted se encuentra en el cielo
Y en la corte celestial
Y todo lo ves de lejos
Y me pudiste ayudar

Y he podido comprobar
Que usted está cerca de mí
Por eso vivo contento
Orgulloso y muy feliz

Te doy las gracias a ti
Y todo mi amor sincero
Por salvar a mi familia
Aunque yo esté prisionero.

Te glorifico Señor
Por estar siempre a mi lado
Y ayudar a mi familia
Y nada le haya faltado

Tu fuiste el juez y el abogado
Y también aquel testigo
Que defendió a mi familia
Si no, estarían conmigo

Yo estoy muy agradecido
Del gran Señor de los cielos
Por cuidar a mi familia
Y llenarla de consuelos.

La flor es algo muy bello
Que el Señor ha diseñado
Para obsequiar a una dama
Cuando uno está enamorado

Y el momento ha llegado
Y les digo la verdad
Tener un jardín de flores
Es una felicidad

Le mandas a tu mamá
De las flores las más bellas
Con un letrero que diga
Que nunca te olvidas de ella.

Señor hiciste los lirios
Las rosas y todas las flores
Con sus olores distintos
Y sus bonitos colores

Creaste todas las flores
Las sembraste una por una
Nos das amor y cariño
Para tener más fortuna

Pusiste una por una
En todito el mundo entero
Como un precioso regalo
Del gran Señor de los cielos.

Señor, en tu santo nombre pongo
La lengua de este individuo
Que me está haciendo campaña
Y habla lo que yo no digo

Sólo usted es el testigo
De mi humilde honestidad
Y cuando ayudo a cualquiera
En cambio no pido nada

Lo ayudo con voluntad
Con cariño y devoción
Porque me nace de adentro
De mi humilde corazón.

Señor, yo le doy las gracias
Por tratarme de ayudar
Y por abrirme los ojos
Aquí adentro del penal

Y aquellos que obran mal
Con mentiras y con engaños
Deben de quedarse aquí
Y cumplir todos sus años

Y se le acabe el engaño
La traición y la maldad
Cuando cumpla su condena
Y deje a la gente en paz.

Señor, recibo de ti
Amor y sabiduría
Como en los últimos tiempos
Cumplirás tus profecías

Y espero que llegue el día
Y la fecha señalada
Y tú bajes a la tierra
Yo te espero en mi morada

Yo a usted no le pido nada
Sólo le pido el cariño
De aquel padre tan hermoso
Que tanto cuida a sus niños.

La fortuna más valiosa
La recibo del Señor
Porque me da su cariño
El aire y también el sol

Para sentirme mejor
Y vivir despreocupado
Una china muy hermosa
El Señor a mí me ha dado

Su cariño le ha entregado
A todo mi familiar
Por eso al Señor del cielo
Nunca lo podré olvidar.

Bendito sea el pan, Señor
Que usted nos da día tras día
Para darle a la familia
Y llenarla de alegría

Yo beso todos los días
Que nunca vaya a faltar
Un bocado de comida
Para darle al familiar

Muy triste será mirar
A mis hijos y a mi mujer
Llorando porque no tengan
Un bocado de comer.

Las montañas fueron hechas
De los arrastres del mar
Por eso es que son tan altas
Y tan malas de trepar

Y en ellas tú vas a hallar
Muchos montes y zarceros
y también muchos arroyos
Que desembocan al río

Yo solito me sonrío
Y miro al azul del cielo
Al ver que todas las cosas
Las hizo el rey del supremo.

Señor yo vi que en un burro
José y María te llevaban
Huyendo de la ciudad
Porque si no, te mataban

Tú no podías hacer nada
Porque eras muy pequeñito
Pero te salvó Jehovah
Tu padre hermoso y bonito

Creciste poco a poquito
Junto a María y José
Para repartirle al mundo
tu cariño amor y fe.

Señor tú hiciste el universo
La tierra, el cielo y el mar
Y todos los pececitos
Que en él se puedan hallar

También hiciste el manglar
Las montañas y las lagunas
Y aquellas hermosas tierras
Que valen una fortuna

Hiciste una por una
Hasta poder terminar
Aquellas tierras tan bellas
Para poder trabajar.

Señor, espero de usted
Amor y sabiduría
Para poder trabajar
Mucho más todos los días

Y me llenes de alegría
Dándome luz y poder
Y desarrolles mi mente
Para triunfar y vencer

Tienes fuerza y el poder
De la corte celestial
Por eso desde muy niño
En ti he sabido confiar.

Señor dame mucha fuerza
Y mucha sabiduría
Para hacerte muchos versos
Y llenarte de alegría

Yo escribo todos los días
Muchos versos para ti
Y espero que al recibirlos
Estés contento y feliz

Ya me despido de ti
Con este hermoso versito
Pero te quiero y te adoro
Y mucho te necesito.

Señor, me has dado tu luz
Mucho valor y poder
Y has protegido a mis hijos
Y a mi adorada mujer

Y he podido comprender
Y no estoy equivocado
Que usted está cerca de mí
Nunca me has abandonado

Y el momento ha llegado
Y les digo la verdad
Estar cerquita de ti
Es una felicidad.

Señor siempre te tengo presente
Nunca me olvido de ti
Y sólo al mirar tu rostro
Ya yo me siento feliz

Estás muy dentro de mí
En mi mente y mi sentido
Por eso te adoro tanto
Que de usted nunca me olvido

Estoy muy agradecido
De estar en este lugar
Porque estando junto a ti
Nada me podrá faltar.

El sol es el astro rey
Que el Señor puso en el cielo
Y le da pureza y poder
A todos los seres bellos

Al salir forma un destello
Tan lindo y tan especial
Que no hay un hombre en la tierra
Que haga otro sol igual

Y en estos versos que van
Escritos con letras de oro
El sol lo hizo el Señor
El que lo puede hacer todo.

Señor yo pongo mi mente
Y escucho tus profecías
Y yo las voy escribiendo
Con cariño y alegría

No importa que día tras día
Tu mandes tu colección
Que yo las voy escribiendo
Con gusto y con emoción

Le pongo mucha atención
A lo que estás enviando
Y no he visto otras poesías
Como las que estás mandando.

Siempre fui un muchacho noble
Sencillo y de valentía
Por eso el Señor del cielo
Me ha protegido y me guía

Él me llena de energía
Con su divino poder
Y me da salud y suerte
Para que pueda vencer

Se despide Rafael
Del gran Señor del supremo
Y con esto te demuestro
Cuánto te adoro y te quiero.

Señor te pido licencia
Y me des tu aprobación
Para comenzar tu libro
De amor ternura y pasión

Yo sé que en esta nación
Y en todito el mundo entero
Lo reconocen a usted
Como el Señor de los cielos

Pensando en ti me desvelo
Y sé que vas a cuidar
A todita mi familia
Y a mí dentro del penal.

Señor, espero de usted
Que mandes tus profecías
Para componerte versos
Y llenarte de alegría

Yo escribo todos los días
Lo que voy recolectando
De todas las profecías
Que usted me sigue mandando

Yo las voy acomodando
Con cariño y emoción
Porque sé que tus palabras
Salen de tu corazón.

El pecado concebido
Lo recibes del Señor
Cuando te hayas confesado
Y limpies tu corazón

Entonces tu situación
Traerá un buen porvenir
Y entonces al Señor del cielo
Usted lo podrá seguir

Y Él te va a recibir
Con cariño y sin orgullo
Porque has limpiado tu alma
Y tu corazón es suyo.

Todos somos pecadores
Y el pecado fue heredado
Por la primera pareja
Y este ha sido el resultado

El pecado fue heredado
En toda la humanidad
Y cuando nos confesamos
Podemos vivir en paz

El pecado es la maldad
Que llevas en tu sentido
Y cuando nos confesamos
Ya somos bien recibidos.

Señor, hiciste el sol
Las estrellas y la luna
Nos das amor y cariño
Para tener más fortuna

Le puedes dar una cuna
A un niño necesitado
Y hasta curar a un enfermo
Que se encuentre desahuciado

Tu amor ha sido aprobado
Y viene del más allá
Porque tus lindas palabras
Traen cariño, amor y paz.

Señor, hiciste al hombre
Y también a la mujer
Se llenaban de cariño
Y gozaban de placer

Los pusiste en el Edén
A cumplir una misión
Pero desobedecieron
No tuvieron salvación

Amarga desilusión
Recibió la humanidad
Porque somos pecadores
Y el Señor nos juzgará.

Señor, tú me has dado fuerza
Amor y sabiduría
Por eso estaré contigo
Hasta los últimos días

En ti yo encontré la guía
Y el cariño verdadero
Que no se compra por nada
Y mucho menos el dinero

Pensando en ti me desvelo
Y en ti me pongo a pensar
Qué vas a hacer con mi vida
Cuando salga del penal.

Jehová, eres el hombre más grande
Sobre el cielo, tierra y mar
Por eso es que desde niño
En ti he sabido confiar

Y he podido comprobar
Sin ninguna discusión
Sólo las palabras tuyas
Nos traerán la salvación

Y en tu humilde corazón
De aquel padre celestial
Sé que vendrás a la tierra
Y podernos rescatar.

Y Jesús se llamará
Ese famoso heredero
Que lo ha enviado Jehová
Del infinito del cielo

Y les va a poner el freno
Al diablo y a Lucifer
Y a toditos los demonios
Que lo defienden a él

Es tan grande su poder
Que dirige el mundo entero
Sin tenerlo que tocar
Ni menear un solo dedo.

Eres el niño Jesús
Que Jehová le dio a María
Para que pronto en la tierra
Se cumplan sus profecías

María estaba dormida
Cuando de pronto escuchó
La voz del Ángel Gabriel
Que Jehová se lo mandó

Entonces le reveló
A la doncella María
Que el Señor de los cielos
Un hijo le engendraría.

Qué lindo se ve el arroyo
Con todos los pececitos
Y también los hizo el Señor
Desde su trono bendito

Él hizo a los arroyitos
Bien lindos y muy bien formados
Y hacer crecer los peces
Y que tome agua el ganado

Todo fue bien calculado
Por la corte celestial
Para que los arroyitos
Vayan corriendo hasta el mar.

La tierra es grande y bonita
Y la hizo el gran Señor
Para que toda la gente
Viviera mucho mejor

Y le dio la luz del sol
Al hombre como su abrigo
Y le da fuerza y poder
Para crecer sus cultivos

Y en el momento les dijo
Con toda sinceridad
Si tú crees en el Señor
Nada a ti te faltará.

Yo sólo soy el camino
Y tú me puedes seguir
Para que hagas nueva vida
Y tengas buen porvenir

Te puedes arrepentir
De toditos tus pecados
Y yo puedo perdonarte
Y que sigas a mi lado

Y el momento ha llegado
Y les digo la verdad
Sólo el Señor de los cielos
Vida eterna nos dará.

La vida hay que buscarla
Acercándose al Señor
Y te dará vida eterna
Para que vivas mejor

Lo dice el compositor
Que compone estoy versitos
Los recibe del Señor
Y en el cielo están escritos

Por eso lo felicito
En este glorioso día
Por darme tantos poemas
Y tan bonitas poesías.

El Señor nos da cariño
Amor ternura y pasión
Y también abre sus brazos
Y nos da su corazón

Ya sea en esta nación
O en todito el mundo entero
Se reconoce a Jehová
Como el Señor de los cielos

Y en estos versos sinceros
Que van dirigidos a ti
Espero que al escucharlos
Estés contento y feliz.

Del cielo recibo el sol
Y el aire que respiro
Por eso adoro al Señor
Porque siempre está conmigo

Él nos da el sol como abrigo
Nos da fuerza y el poder
Y nos abre los caminos
Para triunfar y vencer

Nos entregó a la mujer
Para nuestra compañía
Y estar casada con ella
Hasta los últimos días.

Aquél que tenga un pecado
Se debe de confesar
Y tal vez el día del juicio
Ya lo puedan perdonar

Y si no vas a arrancar
Lo que tanto has ocultado
Cuando vayas al panteón
Seguirás desesperado

El tiempo está limitado
Según lo ha dicho el Señor
Y Él te puede perdonar
Para que vivas mejor.

Se está terminando el tiempo
Y el mundo se va a acabar
Y no es justo que te vayas
Sin poderte confesar

Yo te puedo asegurar
Que si dices la verdad
Llevas tu alma bendecida
Puedes descansar en paz

Es una felicidad
Confesarle al gran Señor
Todo lo que has ocultado
Y descansarás mejor.

Señor, recibo de usted
La luz y la protección
Y quiero que estos versitos
Alegren tu corazón

Y en la lejana nación
Que hoy me tienen prisionero
Con estos lindos versitos
Demuestro cuánto te quiero

Yo quiero ser tu cordero
Tu esclavo y tu adoración
Porque me abriste las puertas
De tu humilde corazón.

La luna es grande y bonita
Y se encuentra allá en el cielo
Pero la puso el Señor
El gran Señor del supremo

Es un astro lindo y bello
Se parece mucho al sol
Sólo te da claridad
Y no te da resplandor

Y para verla mejor
Y poderla contemplar
Me paso noches enteras
En las orillas del mar.

Señor, aclamo por ti
Por tu santa santidad
Y ayudes a todo el mundo
Y puedan vivir en paz

Le deseas felicidad
A todito el mundo entero
Como un hermosos regalo
Del gran Señor de los cielos

Y en estos versos sinceros
Dictados por el Señor
Cuando Él regrese a la tierra
Ya viviremos mejor.

Señor, en las noches bellas
De calma y oscuridad
Voy y miro a las estrellas
Cómo brillan de verdad

Es una felicidad
Contar con tanto poder
Como el Señor de los Cielos
Que todo lo sabe hacer

También Él te da a entender
Su cariño verdadero
Y Él quiere que tú lo sigas
Y escojas un camino bueno.

Señor, espero de usted
Que me mandes día tras día
Muchas palabras bonitas
Para formar tus poesías

Mándame tus profecías
En las noches silenciosas
Y verás cuántas alabanzas
Te formo, lindas y hermosas

Y en las noches tenebrosas
Que paso en este lugar
Siempre te tengo presente
Jamás te voy a olvidar.

El cielo cubre a la tierra
Con su manto lindo y bello
Y aquellos lindos luceros
Que iluminan todo el suelo

Se encuentran allá en el cielo
Y brillan del infinito
Por eso lucen tan lindos
Tan especiales y bonitos

Y en este mundo bendito
Compuesto por el Señor
El cielo bien estrellado
Se mira mucho mejor.

Cuando la luna aparece
Le empieza a dar claridad
A toda la parte oscura
De la humilde vecindad

Y la luna alumbraba
A todito el mundo entero
Aunque se vea bien chiquita
En lo infinito del cielo

Y la hizo un carpintero
Muy bueno y especial
Es el Señor de los cielos
De la corte celestial.

Señor, yo mostré tu rostro
Sin consultarlo contigo
Y si esto ha sido un pecado
Yo te pago este castigo

Yo nunca he sido atrevido
Tan sólo quiero mostrar
Que eres el rey de los cielos
De la tierra y de la mar

Eres un hombre inmortal
Del que estoy agradecido
Por salvar a mi familia
Allá en el juicio conmigo.

Señor, yo no voy a un templo
Y a ninguna reunión
Pero te quiero y te adoro
Con todo el corazón

Y hoy que estoy en la prisión
Muy triste y desconsolado
Sólo las palabras tuyas
En mi mente se han grabado

Nunca nada me ha faltado
Desde que he pensado en ti
Por eso vivo contento
Orgulloso y muy feliz.

El cariño verdadero
Que vibra dentro de ti
Te lo ha entregado el Señor
Para que vivas feliz

Él está cerca de ti
Y de todo el mundo entero
Y te cuida a la familia
Aunque tú estés prisionero

Elevo mi vista al cielo
Y les digo la verdad
Si seguimos al Señor
Vida eterna nos dará.

Es una felicidad
Acercarse al gran Señor
Porque sientes en tu mente
Su amor y su comprensión

Él le abre el corazón
A toda la humanidad
Pero Él quiere que lo sigas
Y no lo abandones más

Él te mira desde allá
Te da fuerza y el poder
Y resuelvas tus problemas
También lo sigas a él.

Sólo tú eres el camino
El camino verdadero
Que no se compra con nada
Y mucho menos el dinero

Eres el rey verdadero
Que se encuentra allá en el cielo
Y le das luz a los pobres
Y los llenas de consuelos

Eres el Señor del cielo
De la corte celestial
El hombre que poco a poco
El mundo va a transformar.

Señor, en usted yo pongo mi alma
Y todo mi amor sincero
Porque desde niño te amo
Te adoro mucho y te quiero

Eres la estrella del cielo
Que brilla allá en lo infinito
Y le das luz a los pobres
Y a todo el mundo vendito

Por eso te glorifico
Con este verso especial
Porque te quiero y te adoro
Jamás te voy a olvidar.

Señor, recibo de usted
La luz y la claridad
Y aunque te encuentras muy lejos
De usted no me olvido más

Es una felicidad
Acercarse al gran Señor
Porque te da mucha fuerza
Y te llena de valor

Él es la estrella mayor
Que se encuentra allá en el cielo
Por eso cuida y protege
A todos los seres bellos.

Señor, espero que el libro
Que ya está en la editorial
Me traiga buen resultado
Para poder progresar

Ayudar a mi familiar
A mis hijos y a mi mujer
Y Amaidelys que está en Cuba
También poderla traer

Ayudar a Rosa Esther
También traer a Germán
Aquél padre que lo quiero
Y que con él tengo afán.

Antes de venir al mundo
El Señor me había elegido
Como su propio poeta
Y transmitirse conmigo

Y en el momento les digo
Con toda sinceridad
Si el Señor no me transmite
Yo no puedo escribir nada

Es una felicidad
Escribir lindos versitos
Mandados por el Señor
Desde su trono vendito.

Cuando el cielo está estrellado
La noche está silenciosa
Y yo detrás de las rejas
Pensando en mi linda esposa

Así suceden las cosas
En este mundo bendito
El que comete un pecado
Pronto paga su delito

Ya estaba en el cielo escrito
Lo que me iba a suceder
Estoy lejos de mi casa
De mis hijos y mi mujer.

Señor yo escucho tu voz
Desde lo más infinito
Porque te traigo en mi mente
Y mucho te necesito

Y desde el cielo bendito
Hasta el final del terreno
Te amo de corazón
Porque de veras te quiero

Fui un humilde jardinero
Cultivé la mariguana
También me echaron cinco años
Que no han sido una jarana.

Cuando la luna aparece
Allá por el horizonte
El mar empieza a llenar
Toda la orilla del monte

También se escucha el cenzontle
En medio de aquél manglar
Esperando a la marea
Que suba y vuelva a bajar

El mar empieza a sacar
Toda el agua de la orilla
Y aquél hermoso cenzontle
Cantando pasa su vida.

Todos los arroyos nacen
De un hermoso manantial
Que brotan desde las lomas
Y van corriendo hasta el mar

Donde te podrás bañar
Con aguas purificadas
Y hasta las puedes beber
Que no están contaminadas

Y en estas lindas trovadas
Dictadas por el Señor
Con un arroyito cerca
Se vive mucho mejor.

Señor, en tu santo nombre pongo
Mi vida y mi corazón
Tan sólo a cambio de nada
Tan sólo tu bendición

Quisiera ser un halcón
Y poderme remontar
En lo infinito del cielo
Y contigo conversar

Pero al no poder volar
Y estar contigo en el cielo
Yo te mando estos versitos
Porque te adoro y te quiero.

Señor, estoy muy agradecido
De estar en este lugar
Porque tal vez algo grande
A mí me podía pasar

Él va y visita mi casa
Y cuida mi familiar
Porque yo me encuentro lejos
Y demoro en regresar

Él va y visita mi hogar
Y me cuida con cariño
A todo mi familiar
A mi esposa y a los niños.

Señor te voy a glorificar
Con placer y alegría
Por darle la protección
A toda la gente mía

Eres el faro y la guía
De toda la humanidad
Y yo escucho tus palabras
Y no te olvido jamás

En usted encontré la paz
Encuentro amor y cariño
Como si fuera aquél padre
Que cuida tanto a sus niños.

Yo soy Rafael Hernández
Y me asesora el Señor
Por eso todos mis versos
Son de cariño y amor

Yo soy el compositor
Y el Señor me ha elegido
Para poner en mi mente
Todo lo que Él ha querido

Sólo el Señor es testigo
Que me trajo a este lugar
Para proteger mis hijos
Aunque yo esté en el penal.

Señor, en ti yo siempre he confiado
Porque te estimo y te quiero
A pesar de que vives alto
Y en lo infinito del cielo

Eres el rey verdadero
Por eso puedo confiar
Porque yo sé que muy pronto
A la Tierra has de bajar

Entonces vas a enjuiciar
A justos y a pecadores
Y se quedarán contigo
Los que han sido los mejores.

Señor yo pongo mi mente
Y así puedas transmitir
Tus hermosas profecías
Y yo las pueda escribir

Sólo te voy a decir
Que estoy muy agradecido
Por haberme abierto la mente
Y transmitirte conmigo

Este ha sido mi destino
Caer en este lugar
Pero yo sé que muy pronto
De aquí me vas a sacar.

Señor, al mirar tu rostro
Tú me llenas de alegría
Por eso tanto poemas
Yo te mando día tras día

Me das fuerza y valentía
Amor y mucho cariño
Como aquel padre adorado
Que tanto cuida a sus niños

Usted le entrega el cariño
A todito el mundo entero
Y a nadie le pide nada
Y mucho menos dinero.

Señor sólo usted puede lograr
Lo que desea Rafaelito
Mandándole muchos versos
Desde su trono bendito

Por eso te glorifico
En este glorioso día
Por mandarme tantos versos
Y tan bonitas poesías

Tú tienes la vida mía
En tu mano y tu poder
Y has protegido a mis hijos
Y a mi adorada mujer.

Señor sígueme mandando
Tus hermosas profecías
Para terminar tu libro
Y llenarte de alegría

Yo sueño todos los días
De terminarte el librito
Con estos versos tan lindos
Que mandas del infinito

Te admiro y te glorifico
Por darme tantas poesías
Para terminarte el libro
Con tus lindas profecías.

Señor hiciste al palomo
Y también la palomita
Y formaste una pareja
Preciosa, linda y bonita

Son dos aves pequeñitas
Mansita, fiel y cabal
Y cuando los dos se juntan
Nadie los puede separar

Esta pareja ejemplar
Que aquí se encuentra presente
También la hizo el Señor
Para asombro de la gente.

El sol evapora el agua
Y lo eleva al infinito
Y después baja a las nubes
Y llueve bien despacito

Por eso yo felicito
Al gran Señor de los cielos
Por hacer caer la lluvia
Para sembrar los terrenos

Y corran los arroyuelos
Para regar los sembradíos
Y recoger la cosecha
Junto a los amigos míos.

Jehová envió a Jesús
Dándole fuerza y poder
Para resolver los problemas
Y los pudiera vencer

También le mandó el poder
Desde su trono bendito
Y curara a los enfermos
Ya sean viejos o jovencitos

Aquél fue un gesto bonito
Mandado por el Señor
Para que toda la gente
Hoy viva mucho mejor.

Jehová envió a Jesús
A cumplir una misión
Y pagara por nosotros
El pecado y la traición

Les hiso su perfección
Como su hijo celestial
Y lo envió a la tierra
Para podernos salvar

Ya usted puede valorar
Al gran Señor de los cielos
Por darnos fuerza y salud
Y su corazón tan bueno.

Señor me das alegría
Cuando te miro de frente
Porque sé que eres un hombre
Muy diferente a la gente

Eres el sobresaliente
En toda la humanidad
El hombre que aquí en la tierra
Todo lo transformara

Y yo te amo de verdad
Con un cariño sincero
Y aunque no te pueda ver
Pero te adoro y te quiero.

Señor, eres aquél padre bueno
Que siempre tendré presente
Por cuidar tanto a los niños
Y proteger a la gente

Eres noble y diferente
Lleno de paz y armonía
Y nos cuidas la familia
Por la noche y por el día

Eres hijo de María
Aquella virgen piadosa
Y ella te trajo al mundo
Y usted arreglará las cosas.

Señor, este hermoso libro
Donde te encuentras presente
Le dará la vuelta al mundo
Para asombro de la gente

Es un libro diferente
A toditos los demás
Acerca de tu palabra
Y nadie lo parará

También trae a tu mamá
Y es la doncella María
Para que toda la gente
Lo estudie con alegría.

Señor, hay mucha gente en la tierra
Que te adora de verdad
Y yo sé que tus palabras
En el mundo triunfarán

Es una felicidad
Y para mí es un placer
Escribir lindas palabras
Que sean compuestas por Él

Hoy te dice Rafael
Que escribe tus profecías
Que tus hermosas palabras
Son la leyenda del día.

Señor, aprendo de usted
Y estoy muy agradecido
De formar bonitos versos
Siempre contando contigo

Tienes el poder divino
Para hacer lindas poesías
Por eso me gustan tanto
Y me llenan de alegría

Me has dado sabiduría
Y también la protección
También me abriste las puertas
De tu humilde corazón.

Señor, tan sólo pensando en ti
Yo me lleno de energía
Y puedo estar trabajando
24 horas al día

Tú me llenas de alegría
Con tu divino poder
Por eso todas las cosas
Siempre las puedo vencer

Tú me llenas de placer
De amor y sabiduría
Por eso estaré contigo
Hasta los últimos días.

Señor eres la estrella del cielo
Que brillas del infinito
Por eso te adoro tanto
Te admiro y te necesito

Y en el momento bendito
Yo les digo la verdad
Las palabras del Señor
Traen cariño, amor y paz

Y en la historia quedará
Este famoso librito
Dictado por el Señor
Y escrito por Rafaelito.

En estos últimos días
Tan duros y desastrosos
Acercarse al gran Señor
Es un gesto muy hermoso

Y el momento silencioso
No va a tardar en llegar
Y le ajustarás las cuentas
A los que han obrado mal

Entonces sabrás juzgar
A justos y pecadores
Y en el nuevo paraíso
Usted pondrá los mejores.

Señor, estando a tu lado
Sé que nada faltará
Porque sobrará el cariño
Y el amor que usted nos da

Es una felicidad
Estar cerquita de ti
Porque tus lindas palabras
Las llevo dentro de mí

Yo me siento muy feliz
Y a la vez afortunado
Porque al Señor de los cielos
Siempre lo tendré a mi lado.

Si elevas tu vista al cielo
Tal vez tú puedas hallar
Al gran Señor de los cielos
Que nunca te va a faltar

Y si le llegas a orar
Con una linda oración
Yo sé que el Señor del cielo
Te abrirá su corazón

Te mando mi adoración
Y mi cariño sincero
Y aunque no te pueda ver
Pero te adoro y te quiero.

Señor, yo te vi en la cruz
Cuando Judas te vendió
Y todo tu sufrimiento
En mi mente se grabó

El traidor te delató
También trajo a los soldados
Y también se arrepintió
Cuando ya te vio colgado

Tú fuiste sacrificado
También llevado al panteón
Y a los tres días de muerto
Tuviste la salvación.

Jesús, al escuchar tus palabras
Tan dulces y llamativas
Yo supe que eras el hombre
Que salvaría nuestras vidas

En ti yo he puesto mi vida
Y toda mi adoración
Porque usted ha venido al mundo
A darnos la salvación

Le abriste tu corazón
A toda la humanidad
Y le darás vida eterna
Amor y felicidad.

Señor, por la ambición del hombre
De tener tanto dinero
Hoy estamos tantos presos
En todito el mundo entero

Y por el Señor espero
Que pueda purificar
A todos los prisioneros
Que hemos obrado mal

Ya me voy a retirar
Me voy y ya me despido
Del gran Señor de los cielos
Que siempre estará conmigo.

El hombre hizo el avión
También el paracaídas
Y entre más alto se trepe
Mayor será su caída

Esta es la ley de la vida
Y está escrita en el cielo
Y aquellos que vuelan alto
Pronto estarán en el suelo

Sólo le pido al supremo
Y a la corte celestial
Que cuando caigan al suelo
No se vayan a matar.

Señor, el hombre en la tierra
Te reta y te desafía
Porque usted le ha dado fuerza
Y mucha sabiduría

Él te reta día tras día
Y quiere sobrepasar
El poder que usted le ha dado
Y hasta te quiere alcanzar

Él mismo se va a matar
Con pruebas y experimentos
Y se volverá cenizas
Arrastradas por el viento.

Hay muchos hombres valiosos
Que estudian astrología
Y te pudieron seguir
Donde María te tenía

Fue un lindo y hermoso día
Para María y José
Tener cargado en sus brazos
A su pequeño bebé

Y el astrólogo fue
Donde la estrella brillaba
A ver al niño Jesús
Que María lo acariciaba.

El hombre sigue insistiendo
Y lucha sin descansar
Y hasta encima de la luna
El hombre ha podido estar

Yo les puedo asegurar
Sin ninguna discusión
Que los hombres de la tierra
Acabarán la nación

Es demasiada ambición
Que tiene la humanidad
Por eso se harán cenizas
Y ni el polvo quedará.

Del cielo no caen las cosas
Tú las tienes que pedir
Y también luchar por ellas
Y las puedas conseguir

Sólo podrás recibir
Del infinito del cielo
Las palabras del Señor
Dándote amor y consuelo

Y aunque tú estés en el suelo
O dentro de la prisión
Sólo el Señor de los cielos
Nos dará la salvación.

Con los inventos del hombre
Hizo la bomba nuclear
Y gran parte de la tierra
Con ellas van a acabar

Yo les puedo asegurar
Acerca de esta cuestión
Que donde caiga una de ellas
Sólo ceniza y carbón

No tiene comparación
A donde el hombre ha llegado
Y hasta el más alto edificio
También será derrumbado.

Señor, por la ambición del dinero
Parte de la humanidad
Hoy pelea con su familia
Con sus hermanos y demás

Da pena y calamidad
Ver pelear a un familiar
Por los bienes de su padre
Y hasta se quieren matar

El dinero hace cambiar
Parte de la humanidad
Cuando no has tenido nada
Y estás lleno de maldad.

El hombre ha inventado tanto
Que ha desafiado el espacio
Y por ganar más dinero
No importa hacerse pedazos

Van a tener un fracaso
Si hay fallo en el avión
Y cuando caigan al suelo
Ya no tendrán salvación

Les digo de corazón
En este momento grato
Si se les rompe el avión
Se van a hacer mil pedazos.

Señor, el hombre será el culpable
Y también será juzgado
Por hacer sus fechorías
Y cometer sus pecados

Y el hombre que haya abusado
De sus hijos y su mujer
La ley del Señor del cielo
Encima le va a caer

Hoy te dice el hombre aquél
Que vive despreocupado
Que muy pronto pagarán
Esta pila de malvados.

Señor, el hombre inventó el cohete
También la nave espacial
Y pasaron de la luna
Ya están en otro lugar

Muchos logros sin parar
Tiene esta delegación
Y Dios quiera que no acaben
Hechos ceniza y carbón

El hombre, con la ambición
Quiere el mundo gobernar
Y yo sé que de esa nube
El Señor los va a bajar.

Señor, tú le has dado al hombre
Poder y la facultad
Para trabajar diario
Y crecer un poco más

Él te da facilidad
Te da fuerza y el poder
Para que tengas familia
Y la puedas mantener

Aquí se acaba de ver
Al gran Señor de los cielos
Cómo ayuda a las familias
y les da amor y consuelo.

El que abusa de su esposa
Y también del familiar
Yo sé que poquito a poco
El tipo lo va a pagar

Da lástima ver maltratar
Un hombre a una mujer
Y no poderla ayudar
Y tampoco defender

El hombre malvado y cruel
Que abusa del familiar
Yo sé que poquito a poco
A la cárcel van a dar.

El hombre debe luchar
Y cuidar a su mujer
Y darle mucho cariño
Y llenarla de placer

El hombre debe de ser
Cariñoso y compasivo
Y cuidar a su mujer
Junto a sus hijos queridos

Darle el calor y el abrigo
A todo su familiar
Y luchar mucho por ellos
Nada les vaya a faltar.

Nadie nos da tantas cosas
Como el Señor de los cielos
Nos da el aire, nos da el sol
Y su cariño tan bueno

Por el Señor me desvelo
Día tras día sin descansar
Esperando sus mensajes
Para poderlos copiar

Y en estos versos que van
Dirigidos al gran Señor
Cuando escucho sus palabras
Me siento mucho mejor.

En los momentos más tristes
Que usted se pueda encontrar
Siempre piense en el Señor
Que Él te sabrá ayudar

Él a ti te va a entregar
Su cariño verdadero
Y pronto te sacará
De tu amargo desespero

Es el único en el cielo
Y en la corte celestial
Que te cuida a la familia
Y a ti, adentro del penal.

Las palabras del Señor
Son sabias y tienen poder
Y si las gravas en tu mente
Todo lo podrás vencer

Recuerda que Él es el rey
Del cielo favorecido
El que lo puede hacer todo
Y nunca será vencido

Tiene en el cielo un castillo
Muy lindo y bien decorado
Para que sus seguidores
Se sientan bien a su lado.

Las estrellas más pequeñas
Que se encuentran en el cielo
De ellas recibes luz
Y muy bonitos destellos

Todas están en el cielo
Y cumplen una misión
Y en las noches oscuras
Que brillen con emoción

Y verás la colección
Que brilla del infinito
Creadas por el Señor
Desde su trono bendito.

Jesús, estás respaldado
Por la corte celestial
Por eso es que todo el mundo
En usted podrá confiar

Eres noble y muy cabal
Un hombre capacitado
Para atraer a la gente
Y que sigan a tu lado

Y Jehová te ha preparado
Con su cariño sincero
Para enseñarle a la gente
El camino verdadero.

El buey es un animal
Bien fuerte y bien reforzado
Y cuando el hombre lo doma
Puede ponerle un arado

Puedes estar a su lado
Y lo puedes enyugar
También ponerle un ardo
Y ponerlo a trabajar

Este excelente animal
Es grande y tiene poder
Para trabajar las tierras
Y lo que quieras hacer.

Señor, creaste las palmas
Con propósito divino
Las palmas nos dan palmiche
Para criar los cochinos

Y también los campesinos
Pobres que no tienen nada
Con la tabla de la palma
Hacen sus lindas moradas

Es mucho y parece nada
Lo que hizo el gran Señor
Para que los campesinos
Vivan contentos y mejor.

Qué distinto mi Señor
Usted hizo a Rafael
Con su corazón tan bueno
Que puedes contar con él

Hoy usted me hizo saber
Que todo mi familiar
Son mis hijos y mi esposa
Que se encuentran en mi hogar

Y los demás familiares
Como usted ha podido ver
Cuando les pedí un dinero
Se mandaron a correr.

Hermosos tiempo aquellos
Que mi vida dediqué
A trabajar con los bueyes
Y muchas tierras sembré

Les digo de buena fe
Y de esto yo fui testigo
Que los bueyes en mi tierra
Hacen todos los cultivos

Ya con esta me despido
Y aquí les voy a dejar
La carreta con los bueyes
Y así puedas trabajar.

María, en esta fecha esperada
Tan linda y especial
El cariño de tu hijo
Nunca a usted le va a faltar

Te voy a felicitar
En este glorioso día
Por yo tener a una madre
Como la Virgen María

Que Dios llene de alegría
A nuestro sagrado hogar
Y un fuerte abrazo sincero
De aquí te voy a mandar.

María, nunca me olvido de usted
Siempre te tendré presente
Por tratarme como a un hijo
Dentro de toda la gente

Que Dios te de mucha suerte
Cariño y mucha alegría
Por tener tan lindo nombre
Preciosa Virgen María

Tu visitas día tras día
El cielo tierra y el mar
Y me cuidas la familia
Porque estoy en el penal.

Hoy le dice Rafael
A su hermana en especial
Que el dinero que le ha dado
Pronto se lo va a pagar

No quiero oírlos hablar
Ni en su casa ni en la esquina
Que me quedé sin dinero
Y que hoy estoy en la ruina

Sólo la corte divina
Y el gran Señor de los cielos
Hará que este libro salga
Pa' levantarme del suelo.

Padre que estás en el cielo
En la tierra y en el mar
Sácame de este lugar
Que me enferma y que me aterra

Llévame para otras tierras
Donde tenga libertad
Y yo seguiré contigo
Y no te olvido jamás

Es dicha y felicidad
Acercarse al gran Señor
Porque nos da su cariño
Y también la salvación.

Muchas veces me he encontrado
A punto de perecer
Pero el Señor de los cielos
No me ha dejado caer

Le doy las gracias a Él
Por tratarme de salvar
Las veces que me he encontrado
Naufragado en alta mar

Él ha sabido mandar
A su ángel protector
Para salvarme la vida
Y me sintiera mejor.

Acercarse al gran Señor
Y siempre estar a su lado
Es un gesto de nobleza
Que de adentro usted ha sacado

Él siempre estará a tu lado
Dándote fuerza y poder
Y no te falte el trabajo
Y tampoco de comer

Y así lo sigues a Él
Con cariño y con esmero
Entonces serás feliz
Junto al Señor de los cielos.

Yo salí de pesquería
Y el barquito naufragó
Pero al siguiente día
Un barco me recogió

El Señor me lo mandó
Y me fuera a rescatar
Porque ya faltaba poco
Ya yo me estaba al hogar

Ahí me volvió a salvar
De las aguas corrientosas
Y que volviera a mi casa
Con mis hijos y con mi esposa.

Se acercan tiempos muy duros
Y malos de soportar
Porque el Señor de los cielos
A la tierra va a bajar

Entonces Él va a desafiar
Al diablo y a Lucifer
Y todos aquellos demonios
Que lo defienden a él

Es justo, cabal y fiel
El gran Señor del supremo
Y al diablo y a Lucifer
Ya les va a poner el freno.

Jesús siempre le oraba
A su padre celestial
Encima de las montañas
O en cualquier otro lugar

Y su padre celestial
Está contento en el cielo
Por engendrar a Jesús
Rey pequeño y su heredero

Jehová lo envió del cielo
Y se lo engendró a María
Y que reinara en la tierra
Hasta los últimos días.

Jesús siempre consultó
Con su padre celestial
Para curar los enfermos
Sin tenerlos que tocar

Jehová siempre va a mirar
Del infinito del cielo
Para que su hijo Jesús
Reparta amor y consuelos

Él es el mayor del cielo
De la corte celestial
El que creó el universo
La tierra el cielo y el mar.

Cuando vayas a dormir
Y estés tirado en tu cama
Siempre órale al Señor
Que Él te adora y te ama

Y aunque tú estés en la cama
Y ores bien despacito
Él te va a estar escuchando
Allá arriba en lo infinito

Por eso yo felicito
Al gran Señor de los cielos
Por entregarle a la gente
Su cariño verdadero.

Jesús le ha mostrado al mundo
Que es grande y tiene poder
Y que todos los problemas
Él los puede resolver

Pone su balanza al fiel
Se pesa poco a poquito
Y es el hombre más valioso
De todo el mundo bendito

Y aunque Él esté en lo infinito
O en lo más alto del cielo
Es el hombre más valioso
De todito el mundo entero.

Señor, espero de usted
Que yo pueda realizar
Este sueño tan hermoso
Y poderme levantar

Quiero que la editorial
Apadrine este librito
Con estos versos tan lindos
Que mandas del infinito

Por eso te felicito
En este glorioso día
Por mandarme tantos versos
Y tan bonitas poesías.

Desde niño fui creciendo
Al lado de mis papás
Y siempre supe que usted
Es el rey de los demás

Es una felicidad
Escuchar al gran Señor
Porque sus palabras traen
Dulzura, paz y amor

Él es el gran redentor
Y el pastor verdadero
El hombre que poco a poco
Va a salvar al mundo entero.

Señor, estando a tu lado
Nada me podrá faltar
Aunque yo esté prisionero
Tras las rejas del penal

Pensando en ti puedo estar
En una celda trancado
Porque te adoro y te quiero
Por estar siempre a mi lado

En ti yo siempre he confiado
Desde que era pequeñito
Por eso te adoro tanto
Te quiero y te necesito.

El burro es un animal
Chiquito y bien reforzado
Y te jala una carreta
Bien cargada hasta el mercado

El burro fue utilizado
Para salvar a Jesús
Y viniera a darle al mundo
Mucha esperanza y su luz

El burro tiene salud
Y vive despreocupado
Porque ha salvado a Jesús
Y abastece el mercado.

El Señor a mí me ha dado
Su cariño verdadero
Y me cuida a la familia
Porque yo estoy prisionero

Elevo mi vista al cielo
Y les digo la verdad
Sólo el Señor del Supremo
Vida eterna nos dará

Es una felicidad
Amar con tanto cariño
Al gran Señor del Supremo
Que lo adoro desde niño.

El pecado y la traición
Que los hombres han cometido
Ha sido porque no saben
En el lio que se han metido

Y en el momento les digo
Con mucha serenidad
Si tú buscas al Señor
Muy pronto lo encontrarás

Es una felicidad
recibir del gran Señor
El perdón por tus pecados
Y la maldita traición.

Oremos por el Señor
Por el Señor del Supremo
Por su lindo padre nuestro
Que nos regaló del cielo

Yo te admiro y yo te quiero
Y jamás voy a olvidar
Cuando usted entregó su vida
Para podernos salvar

Y hoy estoy en un lugar
Muy triste y desconsolado
Pero el Señor de los cielos
Siempre lo tendré a mi lado.

A mi padre celestial
Que se encuentra allá en el cielo
Le compuse este versito
Porque lo adoro y lo quiero

Él es el rey verdadero
Del cielo la tierra y el mar
El gran Señor de los cielos
De la corte celestial

Es el rey universal
Que se encuentra allá en el cielo
Y nos llena de cariño
Y nos da mucho consuelo.

En este glorioso día
Y fecha tan especial
Quisiera estar con mi padre
Con mi padre celestial

Él se encuentra en un lugar
Muy alejado de aquí
Y al escuchar sus palabras
Yo estoy contento y feliz

Y yo le mando de aquí
Una felicitación
Por ser mi padre adorado
Que llevo en mi corazón.

A Jesús que tanto quiero
Y jamás voy a olvidar
Quiero que Jehová lo cuide
Y que lo deje gozar

También te voy a mandar
Una felicitación
Con todito mi cariño
Y toda mi adoración

Y en la lejana nación
Que hoy me tienen prisionero
Te mando este verso, padre
Y sepas cuánto te quiero.

A mí me dijo el Señor
Cuando llegó a mi morada
Aquellos que no perdonan
No son cristianos ni nada

Y en esta hermosa mañana
Que acaba de amanecer
Cuando escucho sus palabras
Yo me lleno de placer

El Señor tiene una ley
Que tienes que respetar
Y aquellos que no perdonan
Al cielo no van a entrar.

Cuánto diera padre mío
Por estar cerca de ti
Y poder hablar contigo
Para sentirme feliz

Siempre estoy pensando en ti
Y en mi mente estás presente
Por ser el hombre capaz
De transportar a la gente

Eres un hombre valiente
Un hombre a carta cabal
Y yo sé que poco a poco
Vida eterna vas a dar.

Señor que estás en el cielo
En la tierra y en el mar
Cuídame mucho a mamita
Que no me vaya a faltar

Ella a mí me supo dar
Su cariño maternal
Por eso la quiero tanto
Que no la puedo olvidar

La voy a felicitar
En sus años venideros
Y que reciba de mí
Un cariño verdadero.

Señor aprendí de usted
Adentro de la prisión
Que aquellos que no perdonan
Son de muy mal corazón

Les digo con emoción
En este glorioso día
Son palabras del Señor
Y sus lindas profecías

El Señor a ti te guía
Te da fuerza y el poder
Pero si tú no perdonas
Al cielo no vas con Él.

En este glorioso día
Que el Señor me dio el poder
Se quitarán el sombrero
Cuando llegue Rafael

Yo le voy a hacer saber
A los que me han criticado
Que sólo escribo los versos
Cuando el Señor las ha mandado

Deben de tener cuidado
Y dejar de criticar
No sea que el Señor del cielo
Baje y les venga a cobrar.

El Señor no te rechaza
Él te protege y te guía
Y te da fuerza y poder
Y te llena de alegría

Y aunque el diablo a ti te guie
Y tú lo quieras retar
Él va y visita tu casa
Y cuida a tu familiar

Él siempre te va a mirar
Con amor y con cariño
Como si fuera tu padre
Y tú su adorado niño.

En los momentos difíciles
Que usted se pueda encontrar
Siempre piense en el Señor
Que él te podrá ayudar

Él cuida a tu familiar
A tu esposa y a tus niños
Y les da fuerza y poder
Y los llena de cariño

Por eso siempre distingo
Al gran Señor de los cielos
Por darnos amor y cariño
Y llenarnos de consuelos.

Yo les puedo asegurar
Sin ninguna discusión
Sólo el Señor de los cielos
Nos dará la salvación

Y en la lejana prisión
Que me tienen encerrado
Las imágenes del Señor
En mi mente se han grabado

Él nunca me ha abandonado
Desde el día en que nací
Por eso vivo contento
Orgulloso y muy feliz.

Soy un hombre bien formado
Y me asesora el Señor
Por eso en todos mis versos
Les doy cariño y amor

Yo soy un compositor
Del cielo favorecido
Que adora mucho al Señor
Por estar siempre conmigo

Yo me siento agradecido
Del gran Señor de los cielos
Por darme tantos versitos
Y su corazón tan bueno.

Señor, desde niño te he admirado
Con respeto y con cariño
Como si fueras mi padre
Y yo tu adorado niño

Usted me ha dado cariño
También tu amor verdadero
Y me quieres como a un hijo
Aún estando prisionero

Tú me llenas de consuelos
Me has dado fuerza y poder
Para formar muchos libros
Dictados por tu poder.

Señor, a usted le sobra el poder
De la corte celestial
Para entrar en cualquier cárcel
Y podernos consolar

Usted sólo puede entrar
A cualquier habitación
Sin tocar ninguna puerta
Ni tocar ningún botón

Es muy bonita ilusión
La que yo siento por ti
Y espero que me visites
Para sentirme feliz.

El Señor está en el cielo
Y manda sus profecías
Para que sus seguidores
Las prediquen día tras día

Él les da sabiduría
Mucha fuerza y poder
A todos sus seguidores
Para que prediquen bien

Hoy se conoce el edén
Como un jardín adorado
Donde pagaremos todos
La traición y el pecado.

Señor, yo nunca pensé
A pesar de mi caída
Usted me fuera a ayudar
Para transformar mi vida

Has limpiado las heridas
Que llevo en el corazón
Con tus bonitas palabras
Que recibo en la prisión

No tiene comparación
El cariño verdadero
Que le ha entregado Jesús
A este humilde prisionero.

Señor, van varios años
Que me encuentro en la prisión
Sólo esperando por ti
Que me des tu bendición

Quisiera ser un halcón
Para servir hasta el cielo
Y poder estar contigo
Y me llenes de consuelos

Eres el rey verdadero
Hombre perfecto y cabal
Y yo espero que muy pronto
Me saques de este lugar.

Señor, recuerdo aquel día
Y fecha tan especial
Que le di un beso a mi esposa
Y la tuve que dejar

Usted me supo guiar
En aquella situación
Cuando abandoné mi tierra
Saliendo pa' otra nación

Me diste tu protección
En aquel mar tan desierto
Y en un chalán a la vela
Pudiera llegar al puerto.

Señor, no tenía dinero
Y me puse a traficar
Y estas son las consecuencias
Que me llevó hasta el penal

Usted me pudo ayudar
En aquella situación
Y salvaste a mi familia
Que no fuera a la prisión

Abriste tu corazón
Al traerme a este lugar
Porque sabías que algo grande
Tal vez me podía pasar.

El que se acerca al Señor
Está muy bien respaldado
Por eso yo estoy feliz
Por estar siempre a su lado

Mi familia la ha cuidado
Desde que caí en prisión
Dándole amor y cariño
Y mucha dedicación

También le da el corazón
A todo mi familiar
Porque Él sabe que estoy preso
Y demoro en regresar.

Señor, usted sabe que yo
Abandoné mi país
Porque ya la policía
Estaba detrás de mí

Yo no era un hombre feliz
Allá en mi tierra natal
Porque todo lo que tuve
Se lo tuve que dejar

Y hoy estoy en un lugar
Pagando por mi delito
Pero te quiero y te adoro
Y mucho te necesito.

Jesús, cuando Jehová te engendró
En el vientre de María
Sabía que usted era su hijo
Y la misión que traía

Él te cuidó día tras día
Y noches sin descansar
Para que fueras creciendo
Nada te podía pasar

Hoy estás en un lugar
Bonito y bien decorado
Y te asesora Jehová
Que siempre estará a tu lado.

Señor, aclamo por ti
En mi humilde petición
Y pueda ir a mi tierra
Y caminar la nación

Y de llenarle el panteón
De rosas y azucenas
A mi adorada viejita
Que fue tan dulce y buena

Sólo yo traigo una pena
Que me trae desesperado
Porque murió mi viejita
Y no pude estar a su lado.

Cuando Jesús se encontraba
Predicando la verdad
Mucha gente lo seguía
Por toda la vecindad

Él les decía la verdad
A todito el mundo entero
Que su padre celestial
Lo había enviado del cielo

Él vino a darnos consuelo
Amor y sabiduría
Y predicar su palabra
Hasta los últimos días.

Señor, muchas veces te retaron
Y hasta te querían matar
Por expresar tus palabras
Tan linda y especial

Nadie ha podido expresar
Palabras tan valerosas
Como las palabras tuyas
Tan dulces y decorosas

Sólo les digo una cosa
A todito el mundo entero
Las palabras más hermosas
Las dice el Señor del cielo.

Las palabras más hermosas
Que se han podido escuchar
Son las del Señor del cielo
De la corte celestial

En Él tú has podido hallar
Amor, ternura y cariño
De sus hermosas palabras
Que ha expresado desde niño

Él siempre ha dado cariño
Amor y sabiduría
Y sus hermosas palabras
Traen paz, amor y alegría.

Jesús siempre les mostró
Amor, cariño y ternura
A las personas adultas
Y a las pequeñas criaturas

Se basó en las escrituras
Que él vino a testimoniar
Y a los niños y los ancianos
Siempre los trataba igual

Hoy se ha podido observar
En todito el mundo entero
Que no existe otra persona
Como el Señor de los cielos.

Jesús dedicó su vida
A su padre celestial
Y predicó su palabra
En la tierra sin parar

Muchos lo trataron mal
Y después se arrepintieron
Al no saber que él venía
Enviado desde el cielo

Él siempre hizo lo bueno
Mostró cariño y bondad
Y predicó su palabra
En el campo y la ciudad.

Hermosos tiempos aquellos
Cuando Jesús predicaba
La multitud de la gente
Le hacían coro y lo adoraban

Él siempre le predicaba
A toda la humanidad
Que siguieran sus palabras
Que vida eterna les da

Es una felicidad
Acercarse al gran Señor
Él que te da su cariño
Y también la salvación.

Jesús es el heredero
Del gran trono celestial
Y se lo dará su padre
Para que pueda reinar

Los dos siempre van a estar
Unidos allá en el cielo
Y te darán su cariño
Aunque tú estés prisionero

Ellos dirigen el cielo
La tierra y también el mar
Y en cualquier parte del mundo
Con ellos te vas a encontrar.

Se acercan días de tormentas
De viento y de tempestad
Pero estando junto a usted
La barca no se hundirá

Es una felicidad
Navegar con un patrón
Que maneje la barquita
Y tenga buen corazón

Puede vencer a un ciclón
Caminar encima del mar
Y la más grande tormenta
También la puede calmar.

Jesús, estoy orgulloso
Y a la vez agradecido
Lo que recibo de usted
Con cariño yo lo escribo

Usted sólo es el testigo
De mi humilde honestidad
Yo escribo lo que usted manda
Si no, no puedo hacer nada

Mi mente está concentrada
En tus lindas profecías
Por eso todos tus versos
Me gustan más cada día.

Jesús, te he mirado desde niño
Como un padre celestial
El hombre que poco a poco
El mundo va a transformar

Nada nos podrá pasar
Si estamos cerca de ti
Recuerda que navegando
Pude llegar hasta aquí

Te doy las gracias a ti
Y a la corte celestial
Por dirigir mi barquita
Y que no me fuera a ahogar.

Jesús, yo quiero escuchar
Tu voz desde lo infinito
Y así me puedas mandar
Muchos versos bien bonitos

Yo quiero hacerte un librito
Bien lindo y muy especial
Porque te quiero y te adoro
Nunca te voy a olvidar

Hoy les voy a recordar
Con cariño y con esmero
Que este libro completito
Lo dictó el Señor del cielo.

Jesús, en cierta ocasión
Caminaste por el mar
Para salvar a los tuyos
Y no se fueran a ahogar

Los pudiste rescatar
De la enorme tempestad
Y de aquel viento tan grande
Y de tanta maldad

Es una felicidad
Conocer al gran Señor
El que te da su cariño
Y también la salvación.

Jesús, naciste en la tierra
Y cumpliste tu misión
Y pagaste por nosotros
El pecado y la traición

Y en tu humilde corazón
De aquel padre celestial
Vas a volver a la tierra
Para volvernos a salvar

Te voy a felicitar
En este verso especial
Y por entregar tu vida
Para podernos salvar

Jesús tenía cinco panes
Y dos pequeños pescados
Pero al pedirle a Jehová
Doce canastas han sobrado

La gente quedó admirada
Bien llena y satisfecha
Al convertir cinco panes
En una hermosa cosecha

Ya la gente estaba inquieta
En aquella multitud
Al ver el milagro aquel
Que había hecho Jesús.

Cuando la gente sabía
Que Jesús iba a pasar
Se llenaban los caminos
Y se ponían a esperar

Algunos ya estaban mal
Y ya estaban desahuciados
Pero esperando a Jesús
Sabían que serían curados

Ya Jehová le había entregado
A Jesús aquel poder
Para curar los enfermos
Y lo siguieran a él.

Jesús siempre consultaba
Con su padre celestial
Para curar a los enfermos
Que ya se encontraban mal

Y en aquel camino real
Se escucha la multitud
De tanta gente esperando
La llegada de Jesús

Jesús siempre fue la luz
Que envió Jehová del cielo
Para curar los enfermos
Y darles amor y consuelos.

Jesús creció con los niños
En su pequeño poblado
Y cuando cumplió dos años
Fue trasladado a otro estado

Estuvo muy bien cuidado
Por su padre celestial
Y con María y José
Nada le podía pasar

Estando en aquel lugar
Sólo tenía dos añitos
Las preguntas que le hicieron
Se las contestó el niñito.

Jesús predicó lo bueno
En el campo y la ciudad
Y que todos conocieran
El camino y la verdad

Y dentro de la ciudad
Los campos y los poblados
La multitud de la gente
Siempre lo siguió a su lado

Y Jesús fue el diseñado
Por su padre celestial
Y enviado a la tierra
Para podernos salvar.

Jesús desde muy pequeño
Siempre se supo expresar
Y a todas las preguntas
Respuesta tenía para dar

Y estando en cualquier lugar
O en el mar o en la laguna
Las preguntas que le hicieron
Las contestó una por una

Jesús tiene una fortuna
Desde que era muy pequeño
Y de todo el mundo entero
Él es el único dueño.

Desde que era muy pequeño
He sabido valorar
Al gran Señor de los cielos
De la corte celestial

Y hoy que estoy en un lugar
Que el Señor me ha designado
Voy a cumplir mi condena
Para seguir a su lado

Él nunca me ha abandonado
Y está cerquita de mí
Y me cuida a la familia
Porque yo me encuentro aquí.

Yo sólo soy la salida
De tu vida en realidad
Y si te acercas a mí
Jamás te arrepentirás

Es una felicidad
Acercarse al gran Señor
El que te da su cariño
Y también su bendición

Y aunque estés en la prisión
Muy triste y desconsolado
Siempre piensa en el Señor
Que él siempre estará a tu lado.

En estos tiempos difíciles
Y malos de soportar
Y tan lejos de mi casa
Sin poderlos visitar

Sólo tendré que esperar
Del Señor su bendición
Para volver a mi casa
Y salir de la prisión

Y en mi amarga situación
Por la que hoy estoy pasando
Muy pronto estaré en mi casa
El Señor me está ayudando.

Jesús, yo estoy muy agradecido
Y para mí es un placer
Que todito el mundo entero
Hoy conozca a Rafael

Me peso y vengo al nivel
Y yo estaré agradecido
Si se pusiera de acuerdo
En lo que yo aquí le digo

Yo pongo a usted de testigo
Y le digo la verdad
Yo quisiera que este sueño
Se me hiciera realidad.

Cuando llegue un nuevo día
Démosle gracias al Señor
Por estar junto a nosotros
Y compartiendo su amor

Él es el grande creador
Del cielo, tierra y el mar
Y está cerquita de ti
Para poderte ayudar

Él anda en el cielo y el mar
Las estrellas y la luna
Y puede curar a un niño
Que está muy grave en su cuna.

Todos los astros son bellos
Muy lindos y muy especial
Creados por el Señor
De la corte celestial

Él pone y puede quitar
La brillante luz del sol
Y hacer las noches oscuras
Para descansar mejor

Y amaneces con el sol
Pero ya al atardecer
El sol va de retirada
La noche empieza a caer.

En estos versos que van
Acerca de esta cuestión
Es que no tengo dinero
Porque estoy en la prisión

Amarga desilusión
Para el que está prisionero
No poder sacar su libro
Porque no tenga dinero

Elevo mi vista al cielo
Y les digo la verdad
Solo el Señor de los cielos
Mi sueño hará realidad.

Hermosos días del año
Con sus fiestas y navidad
Y yo detrás de las rejas
Y sin poder hacer nada

Hoy recuerdo a mi mamá
Mis hijos, nieto y mujer
Y de aquí les manda un beso
Quien los quiere, Rafael

También les hago saber
Algunos equivocados
Que sólo escribo los versos
Cuando el Señor los ha mandado.

Jehová hizo el universo
Hizo el sol, hizo la luna
Y fue poniendo en el cielo
Las estrellas una por una

Pero también hizo alguna
Más grande y sobresaliente
Pero se llaman luceros
Y brillan diferente

Hay muestra que vive gente
En los hermosos luceros
Y aunque se vena muy chiquito
En lo infinito del cielo.

Para mi padre Jesús
Que jamás voy a olvidar
Yo quiero estar a su lado
Para poder progresar

También le voy a mandar
Una felicitación
Con todito mi cariño
Y toda mi adoración

Y en la lejana nación
En que hoy me tienen prisionero
Te mando este verso, padre
Porque de veras te quiero

La fe que tengo en mi mente
Y dentro de mi sentido
Me la ha entregado el Señor
Por estar siempre conmigo

Él fue el juez y el testigo
Cuando caí en la redada
Y defendió a mi familia
Por eso no pasó nada

En mi mente está grabada
La fe y su bendición
Por salvar a mi familia
Y no fuera a la prisión.

Cuánto diera padre mío
Por estar cerca de ti
Y poder hablar contigo
Para sentirme feliz

Quiero estar cerca de ti
De todo mi familiar
Y yo sé que poco a poco
Usted me sabrá ayudar

Y hoy que estoy en un lugar
Triste y muy desconsolado
Al escuchar tus palabras
Sé que nada me ha faltado.

En este glorioso día
Y fecha tan especial
Quisiera estar con mi padre
Con mi padre celestial

Él se encuentra en un lugar
Muy lindo y bien decorado
Y puede mirar de lejos
Y siempre estar a tu lado

Y Jesús que fue creado
Por su padre celestial
También entregó su vida
Para podernos salvar

Cuando Jehová regresó
Al monte Sinaí
Aquella hermosa montaña
Echando humo yo la vi

Dice la gente de ahí
Que se encontraban presentes
Que temblaba la montaña
Para asombro de la gente

Tienes poder suficiente
Para poder terminar
Con toditos los demonios
Que estén en cualquier lugar.

Jehová, creaste el zumbador
Un pájaro pequeñito
Pero le gustan las flores
Y él les introduce su pico

Es precioso y muy bonito
Es verde y color plateado
Qué precioso pajarito
El Señor ha diseñado

Él se posa en todos lados
Que haya jardines y flores
Y le introduce su pico
Para saborear las flores

En el monte Sinaí
Jehová habló con Moisés
Y le dio los mandamientos
Para que hoy lo siga usted

Y en una piedra cifré
Mi nombre en aquel lugar
Donde les di testimonio
Que pronto iba a regresar

Cuando volví a aquel lugar
Donde mi nombre cifré
Ahí terminé de darle
Las instrucciones a Moisés.

En el gran sermón del monte
Jehová volvió a recordar
Que Él se encuentra en el cielo
En la tierra y en el mar

Estoy en este lugar
Junto con la población
Y sepan que mis palabras
Les traerá la salvación

Hoy el monte del sermón
Lo conoce el mundo entero
Fue donde dio aquel discurso
El gran Señor de los cielos.

Moisés estaba pastoreando
Cerca de una montaña
Cuando de pronto escuchó
Una voz un poco extraña

Y le grabó en las entrañas
Una labor a Moisés
Para ayudar a su pueblo
Dándole cariño y fe

Moisés enseguida se fue
Le avisó a la población
Y todos los que salieron
Tuvieron la salvación.

En el gran sermón del monte
Jesús pudo demostrar
Que si le oraba a Jehová
Nada le podía faltar

Cinco pedazos de pan
Y dos pequeños pescados
Dicen que fue suficiente
Le dio comida a un poblado

Doce canastas han sobrado
De panes y de pescados
Después de darle comida
Jesús a todo el poblado.

Jesús pronunció un discurso
Muy lindo y especial
Sobre aquellos pajaritos
Que vuelan sin descansar

Ellos no pueden sembrar
Pero sí pueden comer
De los árboles frutales
Aquello puse en el Edén

Y en las láminas se ven
Están preciosos y bonitos
Creados por el Señor
Desde su trono bendito.

El respeto y el cariño
A mi padre celestial
Desde que era muy pequeño
Siempre se lo supe dar

Él me ha sabido guiar
Dándome fuerza y poder
Y que todos los problemas
Yo los pueda resolver

Para mí será un placer
Ver mi sueño realizado
Al ver este hermoso libro
Saliendo por el mercado.

Señor, respeto tu nombre
Poder y sabiduría
Y el que le das a la gente
Para el pan de cada día

Eres hijo de María
De tu madre celestial
La que te quiere y te adora
Y nunca te va a olvidar

Ella siempre te va a dar
Su cariño verdadero
Y cuida mucho a Jesús
Que fue creado en su seno.

Cuando Lázaro murió
Jesús no estaba presente
Pero Jesús lo revivió
Para asombro de la gente

El pueblo estaba presente
Cuando Jesús lo llamó
Y de aquel sueño profundo
Lázaro se levantó

Aquella tumba se abrió
Sin tenerla que tocar
Cuando Lázaro salía
Caminando sin parar.

El Señor te purifica
Y perdona tus pecados
Pero él quiere que tú cambies
Y que sigas a su lado

Él siempre ha perdonado
A toda la humanidad
Y no les cobra dinero
Por su gesto de bondad

Es una felicidad
Escuchar del gran Señor
Sus lindas y dulces palabras
Perdonando al pecador.

El mundo fue diseñado
Dictado y también escrito
Por el Señor de los cielos
Que vive allá en lo infinito

Él creó poco a poquito
La tierra, el cielo y el mar
Y todos los arroyuelos
Que en el mundo vas a hallar.

También llegó a diseñar
Las estrellas y la luna
Y nos da amor y cariño
Para tener más fortuna.

Yo soy un hombre pequeño
Chiquito y de valentía
Por eso el Señor del cielo
Me ha protegido y me guía

El me dio sabiduría
Me dio fuerza y el poder
Para terminarle el libro
Dictado por su poder

Se despide Rafael
Del gran Señor de los cielos
Y espera que este librito
Lo conozca el mundo entero

Si te inclinas al Señor
Y lo alabas días tras días
Recibirás del Señor
Cariño y sabiduría

Él te mira y te guía
Y así podrás caminar
Por un camino correcto
Y no vas a tropezar

Él ha sabido guiar
A todito el mundo entero
Por un camino correcto
Y recoger fruto bueno.

Eres la virgen piadosa
Llena de amor y bondad
Y yo te nombro María
La reina de las demás

Por eso fue que Jehová
A usted la eligió del cielo
Para engendrarte a Jesús
Rey pequeño y su heredero

Y recibirás del cielo
La luz, amor y cariño
De aquel padre celestial
Que tanto cuida a su niño.

Yo soy la Virgen María
Madre del niño Jesús
Y he venido a darle al mundo
Mucha esperanza y su luz

Yo traje a mi hijo Jesús
A cumplir una misión
Y pagara por nosotros
El pecado y la traición

No tiene comparación
El cariño verdadero
Que le ha entregado Jesús
A todito el mundo entero.

Cuánto sufriste María
Al ver atado a Jesús
Y pagara por nosotros
El pecado allá en la cruz

Él vino a darnos la luz
El amor y el cariño
De su padre celestial
Que siempre le dio a su niño

Él le repartió cariño
A todito el mundo entero
Y fue llevado a la cruz
Por el maldito dinero.

Un duro golpe pegó
Al corazón de María
Al ver morir a Jesús
Por una traición impía

Hoy reza todos los días
En la corte celestial
Porque a su hijo Jesús
Nunca lo podrá olvidar

Sabe que va a regresar
Para cumplir su misión
Y darnos amor y cariño
Y también la salvación.

María, te mando de aquí
Una felicitación
Con todito mi cariño
Y toda mi admiración

Te llevo en mi corazón
Siempre te tendré presente
Y quisiera estar contigo
Y te deseo mucha suerte

Que Dios bendiga tu mente
Te dé bonita atención
Y yo te mando de aquí
Esta felicitación.

En cualquier parte del mundo
Que usted se encuentre María
Vas a recibir mis versos
Con placer y alegría

Te recuerdo días tras días
No te borras de mi mente
Y cuando te mando un verso
Más desarrollo mi mente.

Son versos muy diferentes
Los que yo te mando a ti
Con mucho amor y cariño
Los escribo para ti.

Dios te bendiga María
Donde quiera que tú estés
Y bonitas rosas blancas
A tu panteón llevaré

Te digo de buena fe
Y escucha lo que te digo
Y aunque usted se encuentre lejos
Jamás de usted yo me olvido

Tú vives en mi sentido
Dentro de mi corazón
Y con lindas rosas blancas
Adornaré tu panteón.

Madre sólo existe una
En la corte celestial
Por eso la quiero tanto
Nunca la voy a olvidar

Hay que saberla adorar
Y darle mucho cariño
Como todo el que nos dio
Cuando estábamos muy niños

Ella nos dio su cariño
Nos dio calor y abrigo
Por eso la quiero tanto
Y de ella jamás me olvido.

Para mi madre María
Que está cerquita de mí
Cuando reciba estos versos
Se va a sentir muy feliz

Dedicaré para ti
Muchos versos y poesías
Que irán escrito en tu libro
Alabándote María

Son bonitas profecías
Que el Señor a mí me ha dado
Para alabarte María
Y siempre estar a tu lado.

Para mi madre María
Que tanto quiero y la adoro
Yo le mando este versito
Cifrado con letras de oro

María usted es un tesoro
Y brillas del infinito
Por eso te adoro tanto
Y mucho te necesito

Y en el momento bendito
Que te mando esta poesía
Dan muestra que yo te quiero
Mucho más todos los días.

Preciosa Virgen María
Hoy escribo para ti
Estas bonitas plegarias
Porque siempre pienso en ti

Me voy a sentir feliz
Y a la vez afortunado
Cuando yo vea tu librito
Saliendo por todos lados

Este libro lo ha dictado
El gran Señor de los cielos
Y te conozcan María
En todito el mundo entero.

María, desde niño siempre supe
Que eras madre del Señor
Y nos das mucho cariño
Y toda tu protección

Hoy yo me siento mejor
Y vivo despreocupado
Porque la Virgen María
También se encuentra a mi lado

Yo siempre te he mirado
Con respeto y con cariño
Como si fueras mi madre
Y yo tu adorado niño.

María se llama la madre
De aquel hermoso heredero
Engendrado por Jehová
En poderoso del cielo

Yo me acuesto y me desvelo
También me pongo a pensar
En el Señor de los cielos
Para poder progresar

Él me trajo a este lugar
Para darme una lección
Y también me abrió las puertas
De su humilde corazón.

Madre que estás en el cielo
Y en la corte celestial
Cuídame mucho a mis hijos
Que nada les vaya a faltar

Te voy a glorificar
Por grande y poderosa
Y por cuidar a mis hijos
A mis nietos y a mi esposa

Quiero que arregles las cosas
Y al fin yo pueda pasar
Todo el resto de mi vida
Junto con mi familiar.

Jesús, cuando me acuesto en mi cama
Te doy las gracias a ti
Por cuidar a mi familia
Y estar tan cerca de ti

Yo soy un hombre feliz
De suerte y afortunado
Y sólo al pensar en ti
Nunca nada me ha faltado

Tu cariño lo he grabado
Adentro de mi sentido
Por eso te doy las gracias
Y de usted nunca me olvido.

Jesús, en estos últimos días
Que he pasado en la prisión
Usted me ha abierto las puertas
De su humilde corazón

Usted me dio una lección
Bonita, linda y hermosa
A pesar de estar tan lejos
De mis hijos y de mi esposa

Y en las noches tenebrosas
Que paso en este lugar
Siempre te tendré presente
Jamás te podré olvidar.

Jesús, tus palabras me dan fuerza
Me dan poder y energía
Por eso te glorifico
De noche y todos los días

Tú me llenas de alegría
Y encima me das poder
Por eso todas las cosas
Siempre las puedo vencer

Tú me llenas de placer
De amor y sabiduría
Y llevaré tus palabras
Hasta los últimos días.

Jesús, bendigo tu nombre
Y el nombre de María
Por haberle entregado al mundo
Tanto amor todos los días

Eres la estrella que guías
A todito el mundo entero
Nos das amor y cariño
Y nos llenas de consuelo

Y en tu santo nombre espero
Terminar este librito
Contándonos versos hermosos
Que mandas del inifinito.

Hermosa y linda mañana
Que acaba de amanecer
Y yo lejos de mi casa
De mis hijos y mi mujer

Pero confío en el poder
Del gran Señor de los cielos
Que me cuide a mi familia
Y les de muchos consuelos

Y por el Señor espero
Salir de este lugar
Y regresar a mi casa
Junto con mi familiar.

Jesús, en estos últimos días
Usted me ha transmitido
Hermosos y lindos mensajes
Dentro del sentido mío

Por eso en usted confío
Y yo voy a predicar
Tus lindos y dulces mensajes
Que usted me ha sabido dar

Yo los voy a predicar
Con cariño y con esmero
Y te conozcan Jesús
En todito el mundo entero.

Este precioso mensaje
Que hoy escribo para ti
Espero que al escucharlo
Nunca te olvides de mi

Recuerda que yo viví
En la tierra muchos años
Y que pagué por ustedes
La traición y el engaño

Han pasado muchos años
Y volveré a regresar
Y justos y pecadores
Conmigo tendrán que hablar.

Estos últimos mensajes
Que les mando desde el cielo
Es para darles esperanza
Amor y muchos consuelos

Y por los mensajes espero
Que estén cerquita de mí
Para entregarle a mi pueblo
Lo que yo le prometí

Y el que esté cerca de mí
Y no me haya traicionado
Yo le daré vida eterna
Y pueda estar a mi lado.

Éste es el libro maestro
Dictado por el Señor
Para que toda la gente
Sepa que Él es el mejor

Él lo dictó con amor
Con cariño días tras días
Para que hoy en la tierra
Prediquen sus profecías

Él tiene la vida mía
En sus manos y su poder
Por eso estando a su lado
Todo lo puedo vencer.

Se está terminando el tiempo
De predicar la verdad
Se ha predicado en el campo
En el pueblo y la ciudad

Y el Señor te esperará
Con amor y con cariño
Como aquel padre adorado
Que tanto ama a sus niños

Nos dará todo el cariño
De aquel padre celestial
Y en el nuevo paraíso
Juntos nos vamos a encontrar.

Rafael Hernández Estepe

Nació en un puerto pesquero
Llamado Tunas de Zaza
Provincia de Las Villas
Municipio de Satiespíritus

El día veinte de diciembre
De mil novecientos cuarenta y ocho
Y le doy las gracias a Dios
Por haberme dado el don de ser poeta

Y por haberme dado tantos poemas
Y tantos versos y tantas poesías
Como las que han podido mirar
Leer y disfrutar
En cada uno de mis libros.

Muchas gracias.

www.ingramcontent.com/pod-product-compliance
Lightning Source LLC
LaVergne TN
LVHW091537060526
838200LV00036B/644